화석지대

국립중앙도서관 출판예정도서목록(CIP)

화석지대 : 김진길 시집 / 지은이: 김진길. -- 대전 : 지혜
: 애지, 2016
p. ; cm. -- (지혜사랑 ; 162)

ISBN 979-11-5728-214-2 03810 : ₩9000

한국 현대시[韓國現代詩]

811.7-KDC6
895.715-DDC23 CIP2016026985

지혜사랑 162

화석지대

김진길

지혜

시인의 말

천둥 속이다.

천둥을 피하려고 시를 쓰는데

그 안에서 또 천둥이 인다.

천둥이 주는 평화와 위로,

그 맛 때문에 여기까지 왔다.

2016년 겨울
김진길

차례

2부 수저계급론

3부 화석지대

4부 피뢰침

• 일러두기

한 연이 첫 번째 행에서 시작될 때는 > 로 표시합니다.

1부

붓꽃

붓꽃

편지라도 쓰려는 걸까
바람을 기다리는
끝이 뾰족한
연보랏빛 그리움
저 붓대 안달이 나서
고요조차 눈부시다.

가을연서

애틋한 그리움이
파르르 떠는 시월

보일 듯 보이지 않는
공제선 이마 저편

첫사랑 푸른 기억이
붉은 그네를 탄다

벌목 1

울울창창 솔숲에서
간벌이 한창이다

잘려나간 나무 밑동
낭자한 유혈들,

상처가 깊은 길섶은
그 향기도
깊다.

노란손수건

사랑이여
어서
버스를 타고 오오

그대 오시는 길가 삼강무렵 은행목에

초록이 익어간 계절
그리움을 내걸 테요.

가을운동회

옆집에서 분양받은 백년초 화분 하나
어깨를 층층 딛고 먼데를 응시한다
열두 살 풋소년 몇이 텀블링*을 하는 교정

* 꾸미기(조립)체조.

소나기

참매미 울음소리에 오수午睡 깊은 여름 한낮
꿈 속 어딘가를 헤매던 햇덩이가
뒷마당 장독 구덩이서 연신 허우적이다

그 작은 구덩이도 안에 들면 장벽이라
몇 번을 미끄러지다 못물에 빠진 하루
헤식은 천체 하나가 함뿍 젖고 있다.

낙엽

꿈결에나 만나자던 어느 봄날의 그녀
수줍은 듯 얼굴 한참 붉히다가
또르르 계절 한 페이지 넘기며 가네.

묵도

깃 붉은 죽지를 단
일몰은 감탄사다

이승의 건너편까지
저 황홀이 가닿기를

암전된 수평선 위로
밤새 별을 심는다.

송전탑

운다,
천둥 같은 소리를 감추고
첨리한 발톱으로 산등을 찍고 서서
고압을 송전하는 사내
속으로 운다

아, 멀찍이 서서
어디론가 향하는 건
한 송이 개화를 위해
극통을 건너는 것
현란한 꽃등의 도시,
외곽이 앓는다.

별밤

차올라 부푼 달이
과녁처럼 선명한 밤

쏠리는 맘 한 자락
시누대로 깎아 들고

시위 막, 당기려는데
보는 눈이 너무 많네.

아내의 충전법

아내는 김장철이면 친정에 가곤 한다
뻔뻔한 김치통에
장모님 힘
꾹, 담아서
집으로 돌아와서는
발효를 시작한다.

환절기

신열에 몸서리치는
이 밤이 위태롭다

연신 달팽이관을
갉아먹는 귀뚜라미

뜨거운 여름기둥이
넘어가기 직전이다

간절곶

벼락 맞은 대추나무로
목도장을 파서
붉은 인주를 물고
너를 접수한다
애간장 흘러내리는
땅의 끝
간절한
그.

과녁

그리는 씨앗 하나
둥글게 부풀더니

오시라, 쏜살처럼
그대 오시라 하네

사랑은 절명시 한 편,
명치끝을 톡, 쏘는.

4월

목련이 왔네

목련이 왔네

기별도 기척도 없이

목련이 왔네

한 닷새 너를 우러러

목이 또 꺾이겠네.

감정노동자

고객님 사랑합니다
꽃잎을 열었다가

고객님 죄송합니다
꽃잎을 닫습니다

온종일 태풍을 안고
울며 웃는 민들레꽃.

문경새재아리랑

아리랑 아라리요
문경새재 아라리요

종일 걸어 발이 튼 해
주막마루 걸터앉아

불콰한 노을등 켜고
길벗 맞는 아리랑.

2부

수저계급론

묵계默契 1

수소 두 마리가 맞장 뜨는 유월 한낮
뿔난 놈 눈빛치고는 순해도 너무 순한
휘영청 둥근 낮달이 모래톱에 떠오른다.

코뚜레 고삐 풀고 서로 각을 세우다
투구 쓴 戰士처럼 급소를 노리는 뿔
두 산맥 맞닿은 이마, 생각의 골이 깊다.

건너온 길은 눕고 승부는 이미 사람의 몫
힘에 부쳐 등 돌리면 서로 쫓는 시늉하자며
두 聖者 무언 약조로 발굽 쿡, 쿡 찍는다.

겨울강

氷點은 가장자리에,
아직 비어있는 江

중심으로 중심으로 향하는 결빙의 속도

신기루, 신기루 같은
산들이 지워진다.

마주 선 출렁임이
서로 맞닿는 순간

나지막이 몸을 뉘이고
달을 헹궈내는 江

저 氷天 열릴 때까지
준설의 꿈을 꾼다.

일획一畫

은행은 털렸지만
도둑맞은 뒤태가 부신,

금박 잎새 팔랑이는
가을날을 읽다가

내 生의 어느 갈피쯤
꽂아두는
쉼표
하나.

정박의 계절

오리배가 줄을 지어 선착장에 묶여있다
어디론가 연행되는 내 결박의 한 매듭을
저 강이 부둥켜안고 놓아주지 않는다

얼음장을 경계로 停과 動이 선명하다
붙박인 체위 아래 실핏줄이 풀리는 강
오리발 내밀지 마라 방죽너머 입춘이다

가오리연

순간을 넘어서면
기다리던 고도다
심해보다 천 길 푸른
天心을 향하여
긴 꽁지
흔들어대는
필사의
저
자맥질

합당한 높이라면
유영은 바람의 영역
비상을 꿈꾸는 자
연줄 당기지 마라
연緣줄에
연연치 않는
저
고공의 진화

철로

평행을 사이에 두고 교전하듯 치는 눈발
설렘역을 지난 기차 기다림역을 향할 때
뿌아앙, 미끄러지듯 기적 한 량 먼저 온다.

누군가의 기다림이 붙박인 선로 위로
난분분 부서지는 퇴적된 시간의 진동
두 바퀴 만남과 이별이 시나브로 교차한다.

지퍼처럼 봉합되었다 이내 다시 풀리어
하늘과 한 이치로 먼데로 뻗은 철로
설렘과 기다림으로 결결이 윤이 난다.

영천장날, 팥죽

카랑한 벌바람이 연지 찍는 동지 무렵
주름 깊은 골판지를 버선발로 지르밟고
남루한 그림자 하나 시침처럼 좌판을 돈다.

째깍째깍 소리 내는 초침도 분침도 없이
무수한 간이역을 홀로 지친 서른 성상星霜
여든 줄 포항 과수댁 등을 펴는 시각이다.

파장을 재촉하듯 해 설핏 놀이 지면
가벼운 곁눈에도 움찔하는 장꾼 본능
못다 판 생선보다도 고독 한 점 덜고 싶은.

타고난 운발 따라 걸음새는 다르지만
이만치 와서 보면 生은 고등어 한 손
빙점 속 몸을 포개는 잉걸 쪽이 왁자하다.

음모색출론

집 떠난 지 한 달포쯤
속옷빨래 익숙하다

버블버블 게워내는
탁본된 몸의 말들

나 몰래 웃자란 음모陰謀,
음모陰毛를 제거한다.

수저계급론

사람은 무엇보다 밥심으로 산다는데
한술 밥 무게도 가늠치 못하면서
거룩한 곡기 앞에서 겸손하지 않았다.

그런데 문득 오늘 박물관에 진열된
물음표, 느낌표 같은 수저 몇 벌 둘러보며
예까지 무슨 힘으로 왔는지 알 것 같다.

금은동 흙수저를 화두로 삼는 세상
왕의 입 다스리던 지엄함과 마주하면
수저는 숭배의 대상도 계급도 아니었다.

세습이란 굴레 속에 스스로를 가둔 풍속,
단원*처럼 재주 있어 화첩에 담는다면
목젖이 훤히 비치는 거울수저 그리겠다.

* 김홍도.

조준선 정렬

— 환절기

잠자리 한 마리가 가늠쇠에 앉은 하오

먼 타깃을 배경으로 아지랑이 흔들린다

이때닷!

장전된 탄환 한 발,

입추를 향해 쏴라

3월

나 여기 가을추억
한들대는 들녘에 와

빛바랜 꿈 한 줌을
다시 흩뿌리노니

먼데서 프로펠러 소리
삼월삼월 오더니라.

시계보법

세상은 둥근 것이다
언제나 체크-체크

하루도 천년도
저 동심원에 있나니

둥글게 굴러서 가야
둥글게 닿는다.

묵화墨畫

빗발쯤 두렵지 않다
팔랑이는 입동 한 잎

가등은 서치라이트로
수레의 길을 열고

할머니,
젖은 지구를
밤새 굴리신다.

층간소음

갑자기 캄캄해진 하늘이 우당탕탕
알고 보니 하느님이 볼링을 치시는 중
그런데 서투르신지 자꾸 도랑에 빠뜨리신다.

무시로 튀는 공에 갈라진 하늘천장
누구도 쫓아가서 따져 묻지 않는다만
그래도 위층 하느님 볼링 좀 잘 치세요.

풍차의 발마사지

오늘도 평원에서 바람의 발을 닦는다
허기진 발톱들과 닳은 족문足紋 만지며
예까지 걸어온 길들 시나브로 일으킨다

바람을 할퀸 길섶 남루한 영혼들
상처가 상처를 만지면 원이 되어
우주가 우주를 향해 둥근 손짓을 한다

괄호

서로를 마주보며
안으로 닫혀있다
언뜻 너른 품이
감싸 안은 모양새나
포용은 어디까지나
그 내벽에 머문다.

혈연보다 더 끈끈한
점성이 당기는 힘
스크럼을 짠 괄호들
철옹성을 구축한 채
괄호 밖 지난한 삶들을
유리천장에 단다.

조간

툭,
갈라지는
갓밝이 둥근 정적

알록달록 문신을 한
조폭 같은 그가 또 왔네

오늘은
또 무슨 일일까
문 열기 마뜩잖네.

늪, 수컷의 꿈

소변기 앞 사내들이
바지 지퍼를 열자
맵차고 더운 욕망이
강역을 휘돌아
이윽고 도달한 출구
아, 절벽의 카타르시스여.

고놈의 손아귀 힘
흡반처럼 세기도 해
합수머리로 이끄는
저 투명의 물줄기
수컷의 지린 꿈들은
지느러미가 없다.

다시 봄날

한때는 꽃밭이었지
역사驛舍 앞 밤 골목은
칸칸마다 홍등을 단
열차가 달려와서
짧고 긴 봄의 티켓을
꽃비로 흩날리던

철 잃은 꽃의 개화와
낙화행렬 속에서
발갛게 취기 오른
전설들을 태우고
화장수 절은 밤들이
터널을 빠져나오던

난개발 중독증과
상실의 투석전 사이
한밤의 거푸집은
끝끝내 무너지고
빛바랜 구호만 남은
용산역 근처 거기

상처는 설익어서

불모가 된 지 이미 오래
홀씨 닮은 영혼들이
흩날리다 촉을 틔운
포차촌 머리맡으로
달웃음이 걸려있다

3부

화석지대

화석지대

중생대 어느 마을
조적鳥跡이 총총하다
바위에 움푹 갇힌
묘연한 걸음의 행방
지상을
박차고 오르던
찰나를 생각한다

빗물 괸 지문 속의
만 갈래 하늘길들
걸음이 멈춘 곳에서
상상의 나래를 펴자
푸드득,
화석을 털고
새들이 비상한다.

사선에서

팽창된 낮의 긴장이 아지랑이로 피는 사선
표적을 응시하며 거리를 재는 눈빛들이
나란히 정렬을 한 채 적의敵意를 품는다

장전된 탄환들은 명령을 기다리고
일촉즉발! 한껏 부풀어오른 텐션
그 끝을 끌어당기는 긴 침묵이 팽팽하다

고요는 얇디얇아서 오발에도 적은 떨고
시시로 피탄지에 가닿는 의지의 파편들
푸드덕, 아랑곳없이 산꿩이 날아오른다

매

누가 이 적막을
한 겹 뜨고 있나

꿈인 양 닿지 못할
그리움을 품고서

반백년 철의 장막이
쩡쩡 우는 이 밤에.

피彼와 아我 발이 묶인
분계선 그 사이로

고요는 키가 커서
층계를 오르는데

무엇을 재단하는가
그대 함묵의 날개여.

유릿장 평화를 문
DMZ를 새로 두고

>

남에서 북으로
북에서 남으로

공중을 가로지르는
기도비닉 저 은밀.

제설작전

한밤 새 전령처럼
눈발이 사락사락
장병들 뜬잠에 든
병막 앞을 서성이다
통 크게 백지수표 한 장
화두로 펼쳐놓네.

눈 내린 아침이면
병영은 실눈 뜬 채
구르륵 구르르륵
넉가래 소릴 내고
청춘은 산 메아리로
희맑은 값을 치네.

말다래 금동천마도*

즈믄해 잠의 더께 껍질을 벗는 순간
어둠을 헤쳐 나온 갈기 선 말 한 마리
한줄금 금동 빛살이 발굽소리를 낸다.

신라국 흙 날리는 속도 붙은 말의 질주
제왕의 꿈을 싣고 하늘로 비상하는
옹골찬 저 천년 마력에 팽팽해진 下午.

묵은 잠 깨는 일은 이토록 설레는데
동굴 속 어디쯤에서 나는 헤매고 있나
이 봄날 꿈의 습기를 햇살에 펼쳐본다.

* 말안장 밑으로 흙이 튀지 않게 늘어뜨린 대나무로 만든 판(말다래). 그 위에 장식한 금동 천마문양.

풍탁風鐸

천 년 그리움이 추녀 끝에 내걸렸다
쇳덩이 붉게 달던 그 母川 하도 멀어
날마다 까치발 들고 서성이는 바람의 길목.

한 시대가 저문 뒤로 땅 속에서 곰삭은
바람의 이력들을 햇살에 발린 한낮
푸릇한 비늘 몇 점이 탁설鐸舌끝에 번뜩인다.

가닿지 못할수록 간절함은 더 깊은 것
다시 천년이 지나 출토될 꿈을 꾼다
난바다 건너는 어골魚骨, 순간 화석이 운다.

동백, 절벽 같은 눈빛은
— 사육신 유성원

바람이 닿기 전에
일어난 일일 게다

툭, 한 송이 낙화
절벽 같은 그 눈빛이

한寒데서
천년 또 천년
오롯이
그리 붉다.

첨성대

천상으로 치오르는 설렘이 총총 박힌
이끼 낀 화강석이 보석처럼 빛나는 날
별지기 그 마음으로 탑돌이를 한다.

간절함이 간절하여 지상으로 우물을 낸
목마른 천상쟁이 그 간절에 닿는 순간
수탁이 홰를 치더니 별 두레박 쏟아진다.

누가 이 백주에 별을 긷고 있나
즈믄해 별을 헤다 별이 된 그 앞에서
눈 감고 우물이 되자 천지가 별빛이다.

新 찬기파랑가

파릇한 들잔디가 열병대형을 갖춘 오월
새벽녘 호미곶에 도달한 붉은 해가
사열대 맞은편으로 장엄하게 입장한다.

금세라도 뚝뚝 초록물이 떨어질 듯
스스로 벼린 의지 그 순수로 깃을 세운
천년 전 신라화랑이 대오에 가득하다.

분열을 알리는 둥둥 군북 소리
억겁의 여문 햇살 예복 위로 톡톡 튀며
옛 화랑 기랑을 닮은 생도들을 사열한다.

열치매 구름막을 저 불덩이 여일하듯
아아, 잣가지 높아 짙푸른 郞의 기백
영천벌 새끼 호랑이들 잉걸눈이 활활 탄다.

이명耳鳴 1

내 전우 양중령이 포성에 이골 나서
웬만한 말소리는 알아듣지 못한다며
철 없는 섣달 매미 좀 쫓아달라 청을 하네.

그 친구 귓속 사정 어찌할 바 없어서
시답잖은 세상 소리 멀리 두면 좋다하니
"여보게, 데프콘 투가 되면 매미떼도 동원하게"

선물

아주 먼 안갯길을 벼랑처럼 건너왔네
한 하늘 지척 땅을 육십갑자 돌아서
그것도 제비를 뽑아 눈물바다에 둥둥 떴네.

체면이고 뭐도 없이 죽음 앞에 당당하네
한평생 각골통한 애수곡을 풀어놓고
부둥켜 서로를 안은 이념보다 앞선 혈육.

꿈결 같은 이 찰나가 등을 지고 멀어지면
또다시 절벽 끝에 달랑거릴 그리움이여
통일이, 통일이 뭔지 그때까지 살아만다오.

셰르파

설산은 神의 침실, 범접은 금기일수도
외간의 짐을 지고 山頂으로 향하는
얄궂은 티벳 사내의 걸음은 눈물이다.

운명은 발치 아래 풍광은 겉치레일 뿐
얼붙은 빙골 속으로 번지는 신의 호흡
셰르파, 접신을 하듯 크레바스를 건넌다.

오래전 걸음이 멈춘 낯선 이방인의 雪墓
설원에 모로 누워 빙벽처럼 잠이 붙은
빛부신 노정 앞에서는 가쁜 숨도 멎는다.

그렇다, 길이란 건 애당초 없는 것이다
天命처럼 맞닥뜨린 등짐을 걸머메고
굼깊은 高度를 걷는 그대, 셰르파여.

어둠의 극점

바닥에서 옥상으로, 크레인에서 철탑으로
더 오를 곳이 없는 농성의 상승고도
송전탑 주위를 도는 달을 본 지 넉 달째다.

그림자 기울기로 세속을 재는 사이
기약 없는 고착은 섣달 추위로 와서
외마디 생의 단말마 하늘길에 흩는다.

철탑의 종마루는 날개 꺾인 새들의 둥지,
아직 죽지의 꿈은 고공을 향해 있고
깃대에 상처를 감은 아우성만 펄럭인다.

어둠의 극점까지 빛살을 끌고 와서
지이잉 지이이잉 제 울음을 송전하는
저들이 몸을 태운다, 진눈깨비 친다.

죽방렴*

아직 지족해협은 경계가 삼엄하다.
저 묵중한 계엄은 멀리 선대로부터
고요는 고요다워야 한다는 것을 알려준다.

竹兵이 매복하는 물목 좁은 수로에서
밀물이 여린 비늘 번뜩이는 까닭은
바닷속 숨죽여 뛰는 맥박을 보라는 뜻.

긴장도 저쯤 되면 빛이 된다는 사실을
남해는 죽창 들고 하늘에 이르는 것
해수에 절은 시간이 댓잎처럼 짙푸르다.

삶은 밀물인 듯 죽방인 듯 찰방대는 것
가끔씩 세상일로 허방 짚는 날이면
통발 속 파닥거리는 그 원시에 다시 선다.

* 좁은 바다 물목에 대나무로 만든 그물을 세워 물고기를 잡는 일. 또는 그 그물. 남해 지족해협 일대에서 많이 이루어짐.

유령시대

광화문 한복판에서 유령이 시위중이다
몰려든 취재진이 셔터를 누를 때마다
기억 속 화염병 섬광 폭죽인양 터지고.

유탄을 회피하듯 움찔 물러선 본능
한걸음 멀어지면서 홀로그램 또렷하다
긴 행렬 꼬리를 물고 뒤따르는 유령들.

유령은 무리 안에서 서로에게 유령이다
밤 사이 핏기 없는 행렬이 지나간 뒤
출근길 외면의 군상들 우린 아직 대열 속이다.

4부

피뢰침

형

아슥하게 옛일이네
막내 동생 면회한 날이

한참 먼 병막에서
'형'하고 소리치며

날리는 모자챙 잡고
연병장을 질러 뛰던.

이십 년이 다된 오늘
지금도 그 동생은

그렇게 옛날처럼
달려올 것만 같은데

'형'하고
가슴팍에 안길
그 형은 있나 싶네.

아버지

바닥이 다 드러난
저수지를 바라본다

창시 혹은 탯줄처럼
수원水源을 잇는 물꼬

가문 날,
아주 가문 날
나는 근원根源에 닿는다.

능선을 읽다

역사를 끌고 온 등은 반쯤 헐고 굽어 있다
묵언으로 수행해온 질긴 생태의 業
단단한 곡력曲歷이련가 낙타처럼, 소처럼

한때는 꼿꼿했던 저 굽은 아버지 등
한 생이 야위도록 누대로 부대껴온
저 산맥, 하늘 한 판을 통째로 업고 있다

도마

생선을 토막낼 땐 각지고 모진 소리
무채를 썰어낼 땐 다지고 다듬는 소리
德德德 道道道道道 칼날이 경을 읽다.

굽 낮은 저 무대에 갈마들 듯 올라서
칼날을 맞다가 칼날이 되는 生들
德德德 道道道道道 절창이 경을 치다.

뇌우雷雨

이웃집에 화염병을 던졌다는 뉴스*후

쿠르릉 쫘악,
갈라지는 한낮

맘 놓고 뛰놀지 못한
천둥이
운다.

* 층간소음 시비로 촉발된 방화사건.

피뢰침 1

눈 밝은 가등처럼 입 무거운 한 사내가
빗나간 예보 앞에 알몸으로 홀로 서서
흑암을 뚝뚝 자르는 광검光劍을 맞는다

십자가 등에 지고 대속하는 예수처럼
일가를 이룬 위엄 그 위엄으로 영접하는
꼿꼿한 함묵을 보라, 저 거룩이 찌릿하다

으아아 으아아아 감전된 속울음으로
긴 묵언 빛을 벼리다 빛이 된 사나이들
갈라진 어둠 틈새로 가솔家率의 등을 켠다.

어머니

건물도 나이 드는지 밤새 끙끙 앓는다
연골 닳은 무릎처럼 낡은 대문 삐걱이고
먼지 낀 들창 문풍지 바람에 쿨럭인다.

간간히 부서져서 조각난 고요들은
얼붙은 빙판처럼 금세 다시 단단해지고
그 위로 무심 달빛이 쌕쌕 코를 곤다.

모로 누운 한 생애를 다독이는 풍경소리
지나온 일흔 길섶 징검돌을 건너오고
발갛게 부푼 통점이 고택 창에 물든다.

러닝메이트

앞서거니 뒤서거니 내 발치를 물고서
있는 듯 없는 듯이 묵언으로 수행하는
오래된, 아주 오래된 습관 같은 풍경 하나

때로는 눈에 들고 때로는 눈에 설어
한몸처럼 길을 가도 까무룩 잊고 사는
어쩌면 그림자 그가 갑이겠다는 생각

누가 갑이고 또 을이면 어떠랴만
금세 그이처럼 달라붙은 이 상실증
낯익은 기억 몇 점을 또 제치고 있다

몰락에 대한 경외

저 핏빛 노을바다,
태양이 몰락한다
땅의 끝 난간을 깁는
거미의 그물코에
실팍한 하루살이의 꿈이
날아와 박힌다.

한 시절 뜨겁던 결기가
출렁이는 初夜,
조등을 내건 달이
그물을 건져 올리면
몰락을 경외하는 자
다 哀島에 닿는다.

절벽, 그

바람과 파도와 소리가 부서져서
그렁한 울음의 집 따개비로 붙어 앉은
지평선, 혹은 수평선 너머 풍경화 한 점.

소나무 한 그루가 느낌표로 내걸린
천 길 벼랑 끝이 이토록 눈부시다니
울음이 출렁이는 강 그대는 절경 한 폭.

사이

사람과 사람 사이에
사람이 없다

옆자리 한 칸을
건너뛰고 앉는 습관

사람과 사람 사이에
사람이 없다.

자벌레

지상의 오체투지는
죄다 짝퉁이다

성긴 가지 사이
아슬한 공중의 척도

사람아,
직립의 보폭으로
무엇도 재지마라.

묵계默契

세 발 할머니가 'ㄱ'자로 길을 간다

차도를 횡단하는 달팽이 아이콘 하나

경적이 울지 않는다,
자음 첫 자에 대한
경배다.

귀농일기

바람이 세 들어 살던 빈집에 불이 켜진 밤
내 유년 고향마을엔 별이 총총 내린다
사람의 온기란 것은 아, 이렇게 빛이었나.

바람이 사는 동안 방문을 열지 않은 건
먼 길 돌아오는 연어의 푸른 기억 같은
집 떠난 주인의 온기를 가둬두고 싶었기 때문.

내 안의 격자창을 꽃잎처럼 비추이던
고향집 사랑방이 도란도란 싹트는 밤
사람이 씨앗이란 걸 돌아보니 알겠다.

즐거운 퇴화

두 다리 직립으로는
제 중심마저 흔들리는
불 꺼진 방에서도
가구는 안정적이다
네 다리 혹은 평면으로
떠받드는
저 우러름.

갓난 적 첫걸음 후
저만 세운 활보의 날들
마흔 그리고 다섯,
가구가 되어 본다
네 발로 땅을 짚으면
누구든 받들겠네.

묵계默契 2

석 달 만에 온 아들이
집 떠날 채비를 하자

처마밑에 쭈그려 앉은
일흔 된 쭈그렁 노모

입김을 호호 불면서
구두를 닦고 있다.

중년

교차로 점멸등이
맥박처럼 뛰는 정오

좌회전 혹은 우회전
뒤엉킨 차량 사이로

겁 없이 직진을 한다
방향등이 없다.

해설

존재의 성찰과 견결한 함축미

박수빈 시인 · 문학평론가

존재의 성찰과 견결한 함축미

박수빈 시인 · 문학평론가

본질적으로 인간은 욕망을 통해 삶의 의미를 추구하는 존재다. 욕망하는 이유 중에 심리적인 결핍감이 있다. 성취나 초월로 결핍을 벗어나는 것도 잠시, 인간은 또 다른 욕망을 쫓느라 갈등을 겪는다. 그러므로 욕망과 결핍의 간극은 불완전한 존재의 증명이 된다. 욕망과 같은 인간의 복잡한 내면세계의 심리를 응축하고 표현하기에 효과적인 장르가 바로 시이다. 비유와 상징이 지닌 해독의 다양성과 모호성으로 심미적 힘을 발휘하는 장점이 있기 때문이다. 이 특질은 내면의식과 정서를 강하게 불러일으킴으로써 나타나는데, 이러한 미학이 담긴 한 편의 시는 우리의 마음을 정념으로 이끌기도 하고, 열광하게도 하며, 처연하게도 해서 의미심장한 정서와 인식을 불러일으키는 위력을 발휘한다.

나아가 우리시의 뿌리에 해당하는 시조는 오랜 역사성을 지닌 장르이다. 시조의 매력은 잘 짜인 함축의 맛의 깊이라 할 수 있겠다. 또한 우리 생활과도 밀접하게 소통할 수 있는 전통적 문학 장르이다. 그런데 언젠가부터 시대상황과 향유계층이 달라지고 정형의 고착을 벗어나고 싶어서 그런지 일상과 멀어지고 자유시에 밀려난다는 느낌이 들기도 한다. 시조를 흘러간 옛날 노래처럼 여기는 인식이 있다면 이제부터라도 재검토할 필요가 있다. 현대시조는 3장 6구의 정형의 틀을 유지하면서도 동시대의 궤적에 동행하는 모습을 보여주고 있어 세상살이의 축도가 아닐 수 없다. 통계치수를 보아도 시조시인보다 시인의 숫자가 훨씬 많은 오늘의 현실에서, 묵묵히 시조의 길에 사명을 거는 김진길 시조시인이 있다.

그가 세 번 째 발간하는 시조집『화석지대』는 갈등과 불모의 이 시대에 나침반 역할을 한다. 나침반이 지시할 때 흔들리다가 잠시 후 멈추고 방향을 가리키듯『화석지대』에 담긴 시편들은 혼탁한 세상의 갈피를 잡고자 흔들리는 내용들로 구성되어 있으며 궁극에는 존재의 본질을 성찰하며 근원을 지향한다. 그래서 작품마다 압축된 긴장미를 감지하게 되는 바, 슬픔, 그리움, 외로움의 경향을 아울러 진취적이고 건강한 사고로 마무리되는 면에서 늠름하다. 김진길의 시조는 이렇게 소소한 세상살이의 면면을 관찰하고 희로애락을 시적으로 형상화하면서 삶의 의미를 찾는다. 어두운 내용의 시들도 있지만 긍정의 무늬와 결을 함유한 시편들이 더 많다는 점에서 밝은 에너지를 독자들에게 전파하고 있다.

또한 그의 시편들은 낭독하기에 좋다. 그래서 소리 내어 읽어보라고 권하고 싶다. 시조가 주는 음수율과 음보율은 호흡 조절하기에 좋고, 구와 장의 배열 구조에 따른 휴지休止는 음미하기에 안성맞춤이다. 눈보다 목소리의 파장은 단어를 더 멀고 깊게 의미를 실어 나른다. 눈으로 읽을 때와 달리 소리 내어 발음해 보면 접속사나 조사도 모두 생생하다. 이렇게 단어 하나도 빛나게 하는 마음은 시조의 작법에서 유래한다. 시조가 주는 운율의 매력이라고 할 것이다. 좋은 작품을 소리 내어 낭독할 때 그 소리는 자기 자신에게 되돌아와 읽는 동시에 들려주는 효과를 보게 된다. 그렇게 해서 감각이 활성화되는 기분은 시조에서 느끼는 각별한 여운이다.

이제부터 김진길의 시조를 소리 내어 읽으면서 그의 시세계로 다가가 보자. 책장을 펼치면 우선 앞부분에서 오랜 그리움이 곰삭은 일련의 단시조들을 만날 수 있다.

가)
편지라도 쓰려는 걸까
바람을 기다리는
끝이 뾰족한
연보랏빛 그리움
저 붓대 안달이 나서
고요조차 눈부시다.
—「붓꽃」 전문

나)
애틋한 그리움이
파르르 떠는 시월

보일 듯 보이지 않는
공제선 이마 저편

첫사랑 푸른 기억이

붉은 그네를 탄다

—「가을연서」 전문

다)

사랑이여

어서

버스를 타고 오오

그대 오시는 길가 삼강무렵 은행목에

초록이 익어간 계절

그리움을 내걸 테요.

—「노란 손수건」 전문

가)는 붓꽃에서 떠오르는 이미지인 "붓대"를 "연보랏빛 그리움"으로 은유하였고 나)에서는 "첫사랑 푸른 기억이/ 붉은 그네를 탄다"에서 "애틋한 그리움"이 녹아내린다. 다)는 가을날 물드는 은행나무를 "노란 손수건"으로 치환하여 그리운 심정을 담았다. 이 세 편의 시조를 소리 내어서 읽다보면 모두 오랜 그리움이 스며든다.

그리움은 아쉬움을 전제로 하며 기다림이 내장되어 있다. 「풍탁風鐸」에도 "천 년 그리움이 추녀 끝에 내걸렸다"고 토로하는 기다림은 당장 만나지 못하는 부재에서 비롯한다. 김진길의 시조에서 이 결핍감은 「벌목 1」에서 보듯 상처를 동반한다. "울울창창 솔숲에서/ 간벌이 한창이다// 잘려나간 나무 밑동/ 낭자한 유혈들,// 상처가 깊은 길섶은/ 그 향기도/ 깊다."로 승

화하기까지 즉 "상처"에서 "향기"로 거듭나려면 화자는 무던히도 아픔을 견뎌내었으리라.

오랜 견딤을 감안하면 그리움은 미련하다싶을 정도로 시간성을 담보로 한다. 그러나 가버린 시간이나 사람이 돌아오지 않아도 여지의 감정은 어찌할 것인가. 그리움은 만날 수 있다는 희망이 사라졌을 때 사무친다. 보고 싶고 손길이나 음성을 느끼고 싶은 욕망이 비켜갈 때 그리움은 속절없다. 이런 감정의 뿌리를 생활 속에 묻어버리다가 객관적 상관물과 마주하는 순간 김진길의 작품들은 가슴에 와 닿는다. 마치 마음이라는 액자 안에 박제된 시간의 주술이 풀리듯이.

책 앞부분에 그리움의 시편을 배치한 점을 보더라도 이는 중요하게 분포된 마음의 기울기일 텐데 이면의 아픔을 감추고 애써 강건한 자세를 취하는 것이 아닐까 싶다. 이로써 생활이나 업무에 앞장서 꿋꿋했을 화자 다시 말해 겉은 씩씩하나 속은 여린 화자의 내면을 목격한다. 덧붙이는 예시로 층간 소음 갈등을 소재로 다룬 작품인 「뇌우」, 「층간 소음」을 비롯하여 「송전탑」과 "고객님 사랑합니다/ 꽃잎을 열었다가// 고객님 죄송합니다/ 꽃잎을 닫습니다"로 상대의 입장을 따르는 「감정노동자」를 들 수 있다.

가)
빗물 괸 지문 속의
만 갈래 하늘길들
걸음이 멈춘 곳에서
상상의 나래를 펴자
푸드득,

화석을 털고
새들이 비상한다.
—「화석지대」 부분

나)
가닿지 못할수록 간절함은 더 깊은 것
다시 천 년이 지나 출토될 꿈을 꾼다
난바다 건너는 어골魚骨, 순간 화석이 운다.
—「풍탁風鐸」 부분

가)의 화자는 중생대의 새 발자국을 보고 날아오르던 순간을 떠올린다. 새의 행방을 알 수 없지만 화석에 묻힌 시간들에 주목하고 해석을 확장하여 보면 메타적인 요소를 발견할 수 있다. 표제작인 만큼 시인이 시조를 쓰는 동안의 중요성을 부각하고, 일상에 묻힌 내면을 돌아보면서 또 다른 세계로 비상의 의지를 꿈꾸는 것으로 짐작해 본다.

시인은 자서에 "천둥을 피하려고 시를 쓰는데 그 안에서 또 천둥이 인다. 천둥이 주는 평화와 위로, 그 맛 때문에 여기까지 왔다."고 적고 있다. 여기서 시문학과 "천둥"은 놀람, 각성, 뜨거움 등의 요소를 공유하고 이를 담보로 내재화 혹은 의미화 시키는 관점에서 응축되는 면이 있다. 화석지대를 통해서 시인은 그 안에 굳어버린 시간을 성찰하고 "상상의 나래"를 펴고 있으니 이것은 시 쓰기의 과정과 닮은 것이며 "천둥이 주는 평화와 위로"는 바로 시인의 자의식이 결부된 존재의 이유가 아닌가.

나)에서도 "화석" 이미지는 파묻힌 존재가 "출토될 꿈"을 꾸는 면에서 가)의 맥락과 상통한다. 어려운 말이 없고 복잡한 수식어도 없이 절실한 도약을 기약하는 것만으로 개연성은 충분하다. 이 작품들은 수동적인 상태 같지만 궁극에는 "비상"으로 능동적인 긴장감을 살린다. 생활이나 일에 묻힌 자아를 돌아보는 의미는 예술 세계를 접하는 경이 즉 "천둥"의 순간에 견줄 수 있으니 쿵쿵거리는 심장은 겪어본 사람만이 알 것이다. 이 시조들을 읽으며 꿈꾸는 대상에게 다가가는 상상을 하는 것만으로도 신비롭다. 그러고 보면 "화석"이 주는 이미지는 성숙한 기다림을 함의한다. 그냥 막연히 무슨 일을 고대하는 것이 아니라 "비상"을 향하는 매력이 있다.

김진길의 이번 시집 『화석지대』는 변화무쌍한 세상사 흥망성쇠를 겪은 고초와 이를 재구성한 기록이다. 그는 현대시조로써의 기율을 지키며 장황한 요설이나 어려운 용어로 비틀어 진행하지 않는다. 현실을 대하는 화자의 시선은 명료하다. 감정에 휘둘리지 않는 점에서 시인의 절제된 정서를 감지하게 되며, 욕망을 직접적으로 드러내지 않고 이성의 영역으로 삶의 실존적 조건에 대한 통찰로 이어진다. 그러다 보니 개인보다 공익을 우선하는 경향이 있고 병영과 역사의식에 관한 시조들이 포진되어 있다.

「어둠의 극점」과 「유령시대」는 시위 현장을 의미론적으로 다가가며 진실이나 정의란 과연 무엇인가를 되짚어보게 하고 있고, 통일이 될 때까지 살아만 달라고 당부하는 「선물」에는 이산가족의 아픔이 애잔하게 녹아있다. 사실 필부필부는 거대한 이념이니 사상이 무엇인지 모르고 산다. 그저 서로 돌보고 아끼며 정으로 지낸다. 그런데 여기에 권력 통치와 이권의 야망이 개입하면서 대다수의 보통사람들을 도가니로 몰아넣는다.

이 시조에서는 역사의 한 걸음을 옮기기 위해서는 우선 살아있자고 한다. 언젠가 통일이 되어 다시 만나는 그날까지 살아있는 목숨이 먼저라는 것. 살아 있어야 불의나 어둠에 맞서 싸울 수 있다는 의미와 진정성이 전해온다. 이런 불변의 진리는 우국충정으로 이어지는데 「사선에서」, 「매」, 「제설작전」, 사육신 유성원의 부제가 붙은 「동백, 절벽 같은 눈빛은」, 「新 찬기파랑가」 등을 예시로 들 수 있다.

파릇한 들잔디가 열병대형을 갖춘 오월
새벽녘 호미곶에 도달한 붉은 해가
사열대 맞은 편으로 장엄하게 입장한다.

금세라도 뚝뚝 초록물이 떨어질 듯
스스로 벼린 의지 그 순수로 깃을 세운
천 년 전 신라화랑이 대오에 가득하다.

분열을 알리는 둥둥 군북 소리
억겁의 여문 햇살 예복 위로 톡톡 튀며
옛 화랑 기랑을 닮은 생도들을 사열한다.

열치매 구름막을 저 불덩이 여일하듯
아아, 잣가지 높아 질푸른 郎의 기백
영천벌 새끼 호랑이들 잉걸눈이 활활 탄다.

—「新 찬기파랑가」 전문

두루 아는 바와 같이 '찬기파랑가'는 신라 때의 향가이다. 신라 경덕왕 때에는 삼국통일의 주역이었던 화랑의 세력이 약화되던 시기며 충담사는 화랑정신을 일깨우기 위해서 이 작품을 창작했다고 한다. '기파랑' 화랑을 찬양한 노래가 천년 후에는 김진길 시인에 의해 "생도들을 사열"하면서 곧고 높은 지조가 재현되고 있다. "새벽녘 호미곶에 도달한 붉은 해"의 이미지는 얼마나 장엄한가. 일출의 열기가 충만한 모습은 '기파랑'의 기개를 닮아있고 만인이 우러러 보는 존경의 대상이 된다. 서정성이 강한 동시에 시련이나 역경에 굴하지 않는 존재의 상징성이 두드러진다.

이 시조를 읽을 때 특히 소리 내어 읊으면 염원의 대상이 머릿속에 떠올라 호연지기를 느끼게 된다. 광명과 기백이 더불어 전달되어 독자들 가슴 속에 오래 전에 꺼져버린 줄로만 알았던 어떤 열정을 타오르게 한다. 사는 게 무기력하거나 기운없는 사람들에게 이 시조의 밝은 정기를 권하고 싶을 정도이다. 마지막 수의 종장에서 "영천별 새끼 호랑이들 잉걸눈이 활활 탄다"는 표현은 그야말로 이글거리는 의지의 핵이다.

눈 밝은 가등처럼 입 무거운 한 사내가
빗나간 예보 앞에 알몸으로 홀로 서서
흑암을 뚝뚝 자르는 광검光劍을 맞는다

십자가 등에 지고 대속하는 예수처럼
일가를 이룬 위엄 그 위엄으로 영접하는
꼿꼿한 함묵을 보라, 저 거룩이 찌릿하다

으아아 으아아아 감전된 속울음으로

긴 묵언 빛을 벼리다 빛이 된 사나이들
갈라진 어둠 틈새로 가솔家率의 등을 켠다.

—「피뢰침 1」 전문

“사내”의 면모가 피뢰침으로 비유되어 “대속하는 예수처럼” 자리를 지키고 있다. 그에게는 식솔이 딸려있다. “가솔家率의 등을 켠다”에서 책임이 막중한 사내의 모습이 떠오른다. 무거운 어깨와 가파른 삶을 대변하는 “거룩이 찌릿하다”의 촌철살인. 피뢰침은 원래 벼락을 피하기 위해 꼭대기에 세운 막대이지만, 벼락과 천둥을 맞을 수밖에 없는 존재이다. 피하면서 방어하는 쓰임새라니. 과연 우리는 저마다 놓인 위치에서 맡은 바 어떤 기능을 하는가. 피뢰침의 역할이 이 시조의 주제이며 바로 시인의 자세라는 생각이 들고 나아가 이 시조집을 관통하는 사유다.

여기서 “사내”와 “피뢰침”의 심정은 이심전심의 동일시로 간주할 수 있다. 임무를 수행하며 살아온 시간을 돌아보면 “일가”를 이루려고 숱한 흔들림과 난감을 거쳐 왔을 것이다. 김진길의 시조를 읽으면 이처럼 대상을 감각한 다음, 의미론적으로 다가가 행위나 현상이 지닌 가치를 부여하는 시세계가 한눈에 들어온다. 올곧이 향하는 피뢰침처럼 사람들 사이에서 온갖 풍상을 겪으면서도 여전히 주위를 돌보는 그는 배려와 온정이 가득한 사람이라는 생각이 든다.

“으아아 으아아아 감전된 속울음”이 뇌리에 오래 머무는 것은 겉은 꿋꿋하지만 속으로 감춘 울음이 전해져 와서 그렇다. 이 모습은 마치 줄기가 오롯한 채 비바람에 맞서는 겨울나무를 연상하게 한다. 견결하게 서 있는 한 그루의 겨울나무가 바로 김진길 나무라고 명명해 본다. 자연스럽게 시인이 지나온 날들과 겹쳐지고 인생의 계절이 깊어져 간다. 앞으로만 내달리던 일상으로 사념들이 계절의 추이를 따르며 시적 본성을 찾는다. 화려한 잎의 수사를 배제하고 진솔하여 아름다운 그의 시문학이 더욱 빛나기를 염원하며 진심으로 박수를 보낸다.

김진길

김진길 시인은 1969년 강원도 영월에서 출생하였으며, 2003년『시조문학』과 2006년《부산일보》신춘문예로 등단했다. 시집으로는『집시, 은하를 걷다』,『밤톨줍기』가 있으며, 2009년 경기문화재단으로부터 창작지원금을 받았다. 2014년 한국시조시인협회 신인상과 2015년 올해의 단수시조대상을 수상했다.《충성대신문》주간을 역임했으며, 현재 육군중령으로 근무하고 있다.
김진길 시인의 세 번째 시집인『화석지대』는 변화무쌍한 세상사 흥망성쇠를 겪은 고초와 이를 재구성한 기록이다. 그는 현대시조로써의 기율을 지키며 장황한 요설이나 어려운 용어로 비틀어 진행하지 않는다. 현실을 대하는 화자의 시선은 명료하다. 감정에 휘둘리지 않는 점에서 시인의 절제된 정서를 감지하게 되며, 욕망을 직접적으로 드러내지 않고 이성의 영역으로 삶의 실존적 조건에 대한 통찰로 이어진다.

이메일 : kjgil5230@hanmail.net

김진길 시집
화석시대

발　행 2016년 11월 15일
지은이 김진길
펴낸이 반송림
편집디자인 김지호
펴낸곳 도서출판 지혜
계간시전문지 애지
기획위원 반경환 이형권 황정산
주　소 34624 대전광역시 동구 선화로 203-1 2층 도서출판 지혜(삼성동)
전　화 042-625-1140
팩　스 042-627-1140
전자우편 ejisarang@hanmail.net
애지카페 cafe.daum.net/ejiliterature

ISBN : 979-11-5728-214-2 03810
값 9,000원